RENCONTRE

DE NAPOLÉON

ET

DU PRINCE

TALLEYRAND

AUX CHAMPS-ÉLYSÉES.

PARIS,

IMPRIMERIE DE STAHL, QUAI NAPOLÉON, 33.

1838.

RENCONTRE
DE NAPOLÉON

ET DU

PRINCE TALLEYRAND

AUX CHAMPS-ÉLYSÉES.

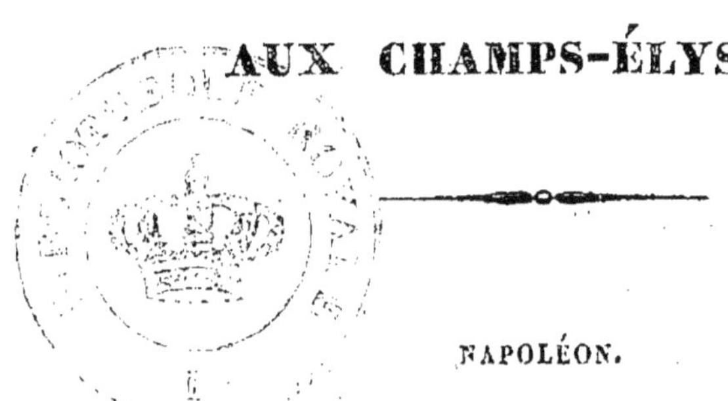

NAPOLÉON.

Le Nestor des Diplomates européens, le Conseil, le Tuteur de toutes les Dynasties vient donc se réunir ici, après un siècle d'existence, aux grands Hommes, aux Princes, aux Rois de l'Europe.

Venez, dans le Temple de l'Immortalité, dérouler et défendre tous les rôles que vous avez joués dans la grande révolution du dix-neuvième siècle. Protée adroit, transfuge de tous les camps où vous avez planté votre tente, venez dire les services que vous avez rendus à la République, à l'Empire, à la Restauration, à la nouvelle Dynastie. Serviteur de la Liberté, serviteur du Despotisme, vous avez parlé toutes les langues : L'ambassadeur en Angleterre a démenti l'ambassadeur de la Sainte-Alliance, et il n'a manqué, pour bien terminer votre carrière, que d'être appelé comme ministre à la Cour de Henri V. Voyez le cercle que vous avez parcouru : A la Cour légitimiste, vous avez eu les premiers honneurs, la première place auprès du maître, qui vous subissait malgré lui : car, on lisait sur votre front la honte du transfuge et du traître, et la vieille et franche noblesse rougissait de vous rencontrer dans ses rangs. A la Cour citoyenne, vous étiez plus à votre aise, vous n'avez plus retrouvé là, cette ancienne, austère et vertueuse Chevalerie, l'ennemie de tout alliage impur, et c'est sous vos auspices que s'est organisée cette Cour moderne d'égoïstes, de roués, de Lucullus, pour qui tout l'honneur est à la Bourse.

C'est vous qui avez perverti la nouvelle Dynastie, arrivant au trône avec des goûts simples, populaires, des goûts de liberté et de patriotisme. Maître en tartufferie, vous avez donné à Louis-Philippe des leçons pour tromper les Patriotes, tromper les Rois de l'Europe, tromper la France, les tromper avec cette adresse, cet art caché qui échappe aux regards, mais qui est bien le secret et le talisman du premier Diplomate des temps modernes.

Qui a joué la Pologne? Qui a joué l'Italie, les États romains? Qui a joué l'Espagne et même l'Angleterre? C'est votre diplomatie occulte qui se joue de tous les traités. Cette diplomatie, c'est vous qui en avez donné à l'Europe les leçons perfides, que reprouve la morale des nations.

TALLEYRAND.

Jeté dans la révolution, son torrent m'a entraîné, comme tant d'autres; si je n'ai pas été assez fort pour le maîtriser, je crois n'avoir pas peu contribué à diminuer ses ravages. Le jour où elle est devenue sanglante, sanguinaire, je me suis séparé d'elle, et j'ai été sur la terre étrangère protester contre ses fureurs.

Quand le calme a reparu, je suis venu de nouveau offrir mes services à ma patrie; j'ai contribué avec vous à rétablir en Europe la gloire du nom français ; je vous ai aidé à châtier l'insolence des Rois du Continent, à déjouer leurs complots, leur coalisation perfide. J'ai applaudi à vos conquêtes, à celles qui ont été le résultat légitime du droit de défense ; mais l'expérience a démontré combien était juste et fondée l'opposition que je vous ai faite au sujet de la guerre d'Espagne ; c'est cette guerre opiniâtre et malheureuse qui a été la cause des revers désastreux que vous avez éprouvés dans la fatale campagne de Russie.

NAPOLÉON.

Était-ce à vous à exploiter ces revers, à vous l'un des ministres de la Révolution ? Était-ce à vous a proposer aux étrangers l'humiliante transaction qui nous a ramené les Bourbons ?

TALLEYRAND.

Nous étions envahis sous le bras de fer de la coalition, il s'agissait de rendre le moins dures possible les lois qu'elle allait nous imposer ; la chute de

Napoléon ouvrait le chemin du trône et ce sont nos anciens Rois qui en étaient le plus près; ce sont eux qu'on y a fait monter. Votre chute si inattendue a inspiré aux Rois de l'Europe une confiance, une audace si grande, qu'ils ont cru ne pouvoir vous humilier davantage, qu'en vous donnant de tels successeurs.

J'ai assisté à la restauration, mais c'était pour la contenir, la modérer, la marier d'une manière honorable avec la révolution que vous aviez faite ainsi que nous. Nous avons offert au peuple français une Charte qui contenait plus de liberté que la vôtre, et nous avons été accueillis. Votre ambition remuait, effrayait tous les trônes, et les Bourbons, à leur retour, plantaient sur toute l'Europe l'olivier de la paix.

NAPOLÉON.

Mais l'olivier de la paix couvrait pour la France des hontes et l'humiliation. La France était mutilée; elle n'était même plus la France de Louis XIV. Elle avait pendant vingt ans sacrifié ses trésors et

son sang le plus pur pour venir honteusement
passer sous les fourches caudines de la coalition
des Rois. Ce n'était pas au Pontife de la Liberté au
Champ de Mars à sanctionner, par sa présence et
ses conseils, l'humiliante capitulation imposée à
un peuple grand et généreux, digne d'un meilleur
sort.

TALLEYRAND.

Quel est celui de nous qui a le plus trahi la
cause sacrée de l'indépendance nationale? Vous
avez foulé aux pieds la liberté et toutes nos fran-
chises. Vous avez traité la France en pays conquis ;
votre volonté y était la loi suprême. Je ne suis re-
monté au pouvoir que pour y faire triompher les
droits du peuple. Quel a été le but de ma mission
en Angleterre? Celui d'y former une alliance des
peuples libres contre la coalition des Rois du
Nord. Si la quadruple alliance, qui a été mon ou-
vrage, n'a pas obtenu les résultats précieux qu'elle
devait produire, à qui la faute? A la pusillanimité,
à l'égoïsme. On a trompé les peuples, on les a

bercé de promesses et d'illusions. Qu'ai-je cons-
tamment voulu? une liberté sage à la place de
votre despotisme, une paix brillante et tranquille
à la place de vos conquêtes orageuses; j'ai été
l'homme de la civilisation et vous l'homme des
camps.

NAPOLÉON.

Dans le court espace de mon règne j'ai laissé en
France plus de monuments de gloire et de sagesse
que n'en a produit une dynastie entière: j'ai été
un conquérant, mais un conquérant civilisateur.
Si, comme vous, j'avais eu Alger en mon pouvoir,
je ne l'aurais pas laissé en proie à une poignée de
barbares, qui ont eu la gloire d'y battre les vain-
queurs de l'Europe. J'en aurai fait une Colonie où
le nom français se serait immortalisé en Afrique
comme en Europe. Après avoir, pendant sept ans,
prodigué hommes et argent pour cette importante
conquête, je n'aurais pas, pour m'en débarrasser,
été l'offrir à un Bey, à peine connu sur le rivage
africain. Tout fier d'avoir une des clefs de la

Méditerrannée, je ne l'aurais pas jetée à mes pieds : c'est sur ces bords que, du temps des Romains et des Carthaginois, est né le commerce maritime. La Méditerrannée vous ouvre ses bras : Ingrats ! vous rejetez loin ses offres et ses caresses. Vous sentez la bonté, l'avantage de cette position, mais vous craignez de déplaire aux Rois de l'Europe.

Vous avez gémi, vous avez été humilié en vous voyant, en 1814, enlever vos conquêtes par la force, la trahison ; et, comme si vous vouliez vous rapetisser encore, vous allez vous-même offrir à de petits tyranneaux les pays conquis par la restauration même ? Est-ce là l'attitude que la France a été habituée de tenir en Europe ?

TALLEYRAND.

Je reconnais bien dans ce langage le sentiment patriotique et national qui a signalé toute votre vie. Je suis le partisan de la paix, mais de la paix avec grandeur et dignité. C'est la vengeance d'un affront fait à notre Ambassadeur qui nous a donné la conquête d'Alger ; il ne faut gâter par aucun acte de

faiblesse, la fierté, la noblesse de cette conduite.
Le Bourbon qui règne sur la France, n'aime pas
la guerre, mais il ne laissera pas insulter, humilier
le nom français; et dans Napoléon, c'est surtout
sa grandeur et sa fierté qu'il se fera gloire d'imiter.

Mes opinions, mes principes politiques, on a pu
me soupçonner de les avoir désertés, mais j'y suis
toujours demeuré fidèle, autant que l'a permis
l'empire des circonstances. Lutter contre ces der-
nières à force ouverte, c'est bien souvent augmen-
ter leur influence : j'ai toujours pensé contre votre
opinion qu'une politique adroite, des lois sages dé-
fendaient, protégeaient les États, mieux que des
armées formidables.

NAPOLÉON.

Admis au Conseil intime de Louis-Philippe,
c'était à vous, diplomate de la Révolution, de l'ère
de la liberté, de lui donner une direction noble et
digne du peuple français. Votre diplomatie tor-
tueuse et rusée lui a ouvert une fausse route, dans
laquelle il se perdra; au lieu de la relever, il a encore

rabaissé la nation française, et sous l'influence de vos conseils, le prince du drapeau tricolor, sorti des flancs de la révolution, fait aujourd'hui cause commune avec les Rois de l'Europe.

Au lieu de raffermir le sol, vous avez placé sur son sein un nouveau volcan qui fera un jour éruption, et rouvrira le gouffre que nous étions parvenu à combler.

Les dorures dont vous avez recouvert votre trône, ce n'est pas là ce qui le consolidera.

Après être arrivé au terme d'une carrière politique de plus de 80 ans, dans laquelle vous avez traversé six gouvernements, quel est celui qui vous réclamera, et vantera vos services ? L'Église : pontife, vous l'avez désertée ; la Royauté, vous l'avez trahie ; la République, vous avez servi ses fureurs ; Napoléon, vous avez flatté son despotisme ; la Restauration, vous avez mis à son service une diplomatie ignoble et peu digne de la France. La nouvelle Dynastie : vous avez avec elle rhabillé le despotisme du manteau imposteur de la liberté. Vous avez fait comme ce spadassin qui a une épée au service de tous les princes, et qui, en dernier résultat, n'est considéré par aucun.

Nous avons beaucoup parlé de la grandeur et de la gloire de la France, mais, c'est de son bonheur qu'il faut surtout s'occuper : elle a été guerrière, mais elle est encore plus industrielle : et l'industrie et les arts, voilà ce qui produit la véritable gloire, la vraie félicité. La guerre a terminé, a clos la révolution, c'est à la paix à la consolider et à en faire goûter tous les fruits.

L. GAMBET,
Vieillard octogénaire.